Índice

La vida en la Tierra cambia

La vida en la Tierra cambia con el tiempo. Muchas formas de vida **antiguas** ya no existen.

Diprotodon optatum (wombat gigante), el **marsupial** más grande de Australia en la historia.

Los wombats gigantes vivieron en Australia hasta hace unos 50 000 años.

Aunque tenían pelo o piel y producían leche para sus crías como los **mamíferos** actuales, muchos mamíferos antiguos tenían un aspecto diferente.

La *macrauchenia patachonica* no se parece a ningún animal actual.

La *macrauchenia patachonica* tenía partes del cuerpo como los caballos, los tapires y los rinocerontes.

tapir

El tiempo capturado

Aprendemos sobre la vida prehistórica y antigua a través de los **fósiles.** Estos ayudan a develar misterios de la vida de hace mucho tiempo.

Fósil de *smilodon populator* (gato con dientes de sable).

Pistas fósiles

Los huesos dan pistas sobre el tamaño de un antiguo mamífero.

¡MEGAGATOS!

Los gatos con dientes de sable eran poderosos **depredadores** con largos dientes para rebanar.

Los cráneos y los dientes ayudan a determinar si un fósil es un mamífero.

Los **paleontólogos** pueden medir la edad de los fósiles. Los mamíferos aparecieron por primera vez hace unos 200 millones de años y vivieron entre dinosaurios.

Los paleontólogos utilizan las capas de roca para conocer la edad de los fósiles. Los fósiles más antiguos están en las capas inferiores y los más nuevos en las superiores.

Este mamífero prehistórico es conocido como megacerops, que significa «cara con cuerno grande», y también como brontotherium, que significa «bestia del trueno». Vivió de 38 a 35 millones de años atrás.

El lobo terrible (*canis dirus*) vivió durante la última Edad de Hielo, hace unos 11 000 años.

Millones de años más tarde, pero aún hace mucho tiempo, aparecieron antiguos mamíferos muy diferentes y de mayor tamaño.

Pistas fósiles

¡Los fósiles de los excrementos dan pistas sobre lo que comían los antiguos mamíferos!

Al estudiar los fósiles de plantas y mamíferos de la misma edad y lugar, los paleontólogos aprenden sobre la vida y los **hábitats** de los mamíferos.

¡PEREZOSOS GIGANTES!

Los perezosos terrestres gigantes vivían en los bosques y se alimentaban de hojas deliciosas. El perezoso de tierra más grande pesaba tanto como un elefante y podía caminar en dos o cuatro patas.

Los **entornos** antiguos pueden haber tenido un aspecto muy diferente al de los lugares actuales.

La Antártida hoy.

Los fósiles nos dicen que una selva tropical cubría la Antártida.

¡MEGABALLENA!

Livyatan melvillei, una ballena carnívora, es la mayor ballena conocida. Ya **extinta**, se alimentaba de tiburones y ballenas más pequeñas con sus enormes dientes.

Comparando el pasado y el presente

Podemos comparar los fósiles de mamíferos con los animales actuales.

El *eohippus*, el ancestro de los caballos, solo medía entre 1 y 2 pies (30 y 60 cm) de altura. A diferencia de los caballos actuales, cada pata delantera tenía cuatro dedos y cada pata trasera tenía tres dedos. Se alimentaba principalmente de hojas, y no de hierba.

¡Mira esta armadura fosilizada de un antiguo armadillo!

¡ARMADILLOS GIGANTES!

Los antiguos armadillos tenían una armadura muy dura y pesaban 1 tonelada (más de 900 kilos), más o menos el tamaño de un auto pequeño.

Los fósiles nos dicen en qué se parecen y en qué se diferencian los mamíferos antiguos y los **modernos**.

Aunque los mamuts lanudos vivían en manadas como los elefantes, tenían las orejas más pequeñas y el pelaje más grueso.

Pistas fósiles

diente de mamut

Los dientes nos indican si un animal se alimentaba de plantas o de carne. Los mamuts se alimentaban de plantas.

Podemos estudiar la **ascendencia** de los mamíferos actuales a través de los fósiles.

¡MEGAVACAS MARINAS!

El *rytiodus,* un antiguo mamífero acuático, tenía colmillos y podía medir hasta 20 pies (6 metros). Los manatíes proceden de este antiguo mamífero acuático.

manatíes

Nos esperan descubrimientos emocionantes. Los nuevos fósiles se suman a lo que sabemos y dan lugar a nuevas preguntas.

¿CONOCES ESTOS DATOS SOBRE LOS FÓSILES?

1. ¿Qué pueden utilizar los paleontólogos para averiguar la edad de un fósil?

a. Los hábitats.

b. Las capas de roca.

c. Los bosques.

2. ¿Desde cuándo existen los mamíferos en la Tierra?

a. Desde hace unos 200 millones de años.

b. Desde hace un millón de años.

c. Desde hace unos once mil años.

3. ¿Cuál de estos antiguos mamíferos está relacionado con los manatíes actuales?

a. El *smilodon populator.*

b. El *canis dirus.*

c. El *rytiodus.*

Respuestas:

1. b
2. a
3. c

Glosario

antiguas: Que existieron hace mucho tiempo; en el caso de los animales, desde hace unos 2.5 millones de años hasta hace unos 11 500 años.

ascendencia: Las líneas de formas de vida relacionadas, desde los tiempos modernos hasta el comienzo de la vida en la Tierra.

depredadores: Animales que cazan otros animales para alimentarse.

entornos: Las cosas vivas y no vivas en diferentes zonas.

extinta: Que ya no está viva o existiendo.

fósiles: Los restos de vida de hace mucho tiempo, conservados en rocas.

hábitats: Los lugares donde los animales hacen sus hogares.

mamíferos: Animales con pelo o piel que son de sangre caliente y producen leche para sus crías.

marsupial: Mamífero que nace y termina de desarrollarse en la bolsa de su madre.

modernos: De la época o edad actual.

paleontólogos: Científicos que estudian la vida prehistórica en todas sus formas.

Índice analítico

Apoyo escolar para cuidadores y profesores

Este libro ayuda a los niños a crecer permitiéndoles practicar la lectura. A continuación se presentan algunas preguntas orientativas para ayudar al lector a desarrollar su capacidad de comprensión. Las posibles respuestas que aparecen aquí están en color rojo.

Antes de leer

- **¿De qué creo que trata este libro?** Creo que este libro trata de los mamíferos que vivieron hace mucho tiempo. Creo que este libro trata de los huesos de los mamíferos que vivieron hace mucho tiempo.
- **¿Qué quiero aprender sobre este tema?** Quiero aprender más sobre los animales que vivieron en el pasado. Quiero aprender si los mamíferos del pasado se parecen a los mamíferos de hoy.

Durante la lectura

- **Me pregunto por qué...** Me pregunto por qué se extinguieron los mamíferos del pasado. Me pregunto por qué una megaballena se comería a otra ballena más pequeña.
- **¿Qué he aprendido hasta ahora?** He aprendido que los fósiles nos dicen en qué se parecen y en qué se diferencian los mamíferos antiguos y los modernos. He aprendido que la antigua Antártida era una selva tropical, que ahora no tiene árboles y está cubierta de nieve.

Después de leer

- **¿Qué detalles he aprendido sobre este tema?** He aprendido que los fósiles de los excrementos dan pistas sobre lo que comían los antiguos mamíferos. He aprendido que los paleontólogos utilizan las capas de roca para conocer la edad de los fósiles.
- **Vuelve a leer el libro y busca las palabras del glosario.** Veo la palabra *fósiles* en la página 8 y la palabra *paleontólogos* en la página 10. Las demás palabras del glosario se encuentran en la página 23.

Library and Archives Canada Cataloguing in Publication

Available at the Library and Archives Canada

Library of Congress Cataloging-in-Publication Data

Available at the Library of Congress

Crabtree Publishing Company

www.crabtreebooks.com 1–800–387–7650

Print book version produced jointly with Blue Door Education in 2022

Written by: Julie K. Lundgren

Translation to Spanish: Santiago Ochoa

Spanish-language copyediting and proofreading: Base Tres

Print coordinator: Katherine Berti

Photo Credits: Cover and inset page 9 (saber-toothed cat) © Daniel Eskridge/Shutterstock.com, Page 2-3 © Alizada Studios/Shutterstock.com, page 4-5 © Dmitry Bogdanov wikimedia https://creativecommons.org/licenses/by/3.0/deed.en, size comparison image public domain, page 6 © Andreas Meyer/Shutterstock.com, page 7 top image public domain, bottom image © Mia2you/Shutterstock.com, Page 8-9 main photo © Puwadol Jaturawutthichai/Shutterstock.com, inset photo of skeleton editorial use only © AKKHARAT JARUSILAWONG/Shutterstock.com, page 10 © Pino62 | Wikimedia https://creativecommons.org/licenses/by-sa/3.0/deed.en, Page 11 top photo © Daniel Eskridge, Dire wolf public domain, bottom photo poop © W. Scott McGill, Page 12© paleontologist natural/Shutterstock.com, Page 13 main pic estt | istockphoto, inset © Morphart Creation/Shutterstock.com, Page 14 Antarctica © Matt Makes Photos/Shutterstock.com, Pages 14-15 © Herschel Hoffmeyer/Shutterstock.com, Page 16 small illustration © Daniel Eskridge, page 16-17 large illustration © Daniel Eskridge, inset of glyptodont armor © Ryan M. Bolton, Page 18-19 Woolly mammoths © Daniel Eskridge | istockphoto, elephants © Efimova Anna/Shutterstock.com, Page 20 Rytiodus © Baperookamo https://creativecommons.org/licenses/by-sa/4.0/deed.en, manatees © Lukasz Machowczyk/Shutterstock.com, Page 21 © Gorodenkoff/Shutterstock.com, page 22 © 501room | istockphoto

Published in the United States
Crabtree Publishing
347 Fifth Ave.
Suite 1402-145
New York, NY 10016

Published in Canada
Crabtree Publishing
616 Welland Ave.
St. Catharines, Ontario
L2M 5V6

Printed in the U.S.A./062022/CG20220124

CAMBIOS INCREÍBLES EN LA TIERRA

FÓSILES Y MAMÍFEROS ANTIGUOS

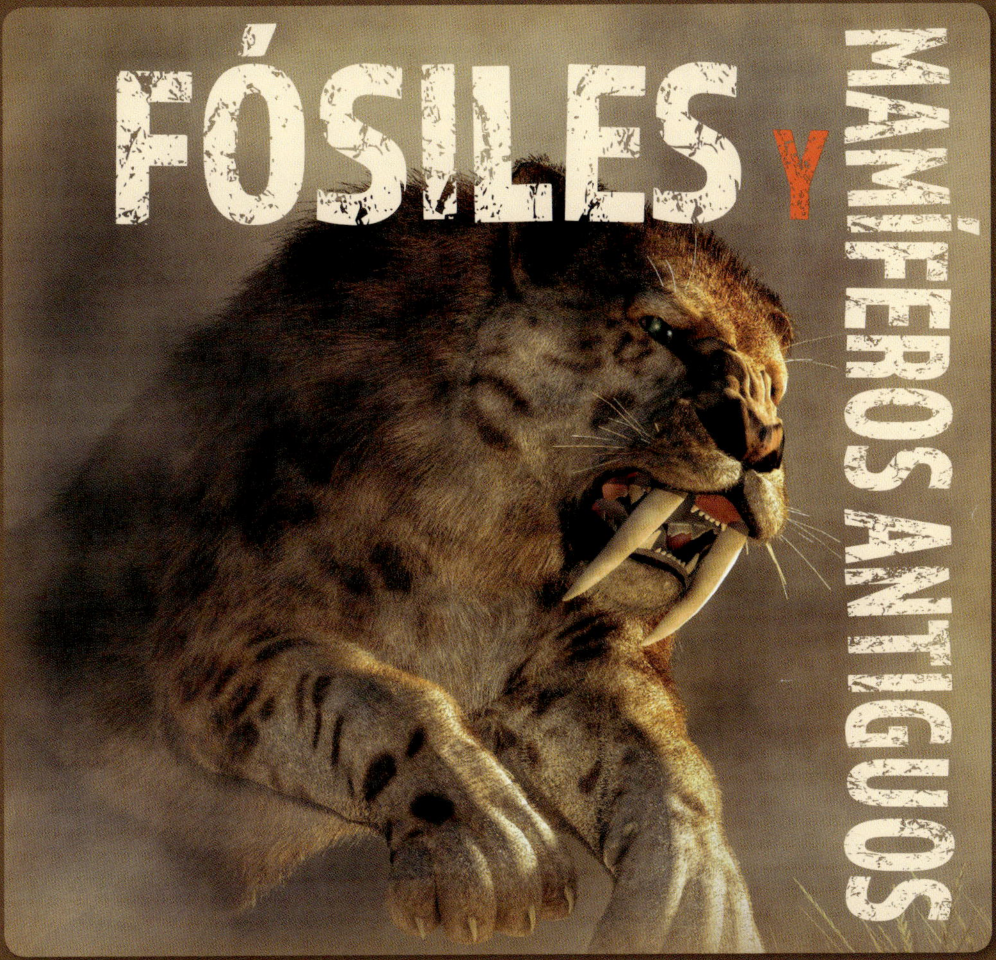

De Julie K. Lundgren

Traducción de Santiago Ochoa

Un libro de El Semillero de Crabtree

Paleontología: El estudio de la vida antigua a partir de los fósiles.